# ÉPITRE DU DIABLE
# A M. DE VOLTAIRE

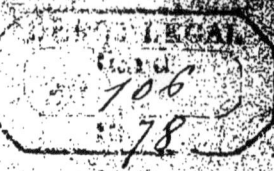

« Je le (M. de Voltaire) haïrais d'avantage, si je le méprisais moins, je ne vois dans ce grand talent qu'un *opprobre* de plus qui le déshonore par l'indigne usage qu'il en fait. Ce fanfaron d'impiété, ce beau génie et cette âme basse nous laissera de longs et cruels souvenirs de son séjour parmi nous ; la ruine des mœurs et la perte de la liberté, qui en est la suite inévitable, seront chez nos neveux les monuments de sa gloire.

*Jean-Jacques Rousseau.*

Ècostui de Ferney l'empio et maligno
Filosofante, ch'or tra'morti è corbo,
E fu tra'vivi poetando un cigno.

*Monti.*

La Révolution le salua comme son génie ; l'effigie et le squelette de Voltaire traversèrent les rues ensanglantées de Paris sur un char triomphal ; génie, effigie, squelette, que l'on peut comparer au cheval de Troie, dont les flancs recelaient la désolation et l'incendie :

*... Scandit fatalis machina muros*
*Feta armis, mediæque minans illabitur urbi !*
Ses restes furent déposés dans le Panthéon à côté de Marat.

DANDOLO.

Voltaire.—Paris le couronna, Sodome l'eût banni.
(Comte de MAISTRE.)

## PARIS
BUREAUX DE LA SOCIÉTÉ BIBLIOGRAPHIQUE
25, rue Grenelle, 25.
—
1878

ÉPITRE DU DIABLE

A M. DE VOLTAIRE

DROITS RÉSERVÉS.

# ÉPITRE DU DIABLE
# A M. DE VOLTAIRE

« Je le (M. de Voltaire) haïrais d'avantage, si je le méprisais moins, je ne vois dans ce grand talent qu'un *opprobre* de plus qui le déshonore par l'indigne usage qu'il en fait. Ce fanfaron d'impiété, ce beau génie et cette âme basse nous laissera de longs et cruels souvenirs de son séjour parmi nous ; la ruine des mœurs et la perte de la liberté, qui en est la suite inévitable, seront chez nos neveux les monuments de sa gloire.
*Jean-Jacques Rousseau.*

  Écostui de Ferney l'empio et maligno
  Filosofante, ch'or tra'morti è corbo,
  E fu tra'vivi poetando un cigno.
*Monti.*

La Révolution le salua comme son génie ; l'effigie et le squelette de Voltaire traversèrent les rues ensanglantées de Paris sur un char triomphal ; génie, effigie, squelette, que l'on peut comparer au cheval de Troie, dont les flancs recélaient la désolation et l'incendie :

  ... *Scandit fatalis machina muros*
  *Feta armis, mediæque minans illabitur urbi!*
Ses restes furent déposés dans le Panthéon à côté de Marat.
DANDOLO.

  Voltaire.—Paris le couronna, Sodome l'eût banni.
(Comte de MAISTRE.)

PARIS
BUREAUX DE LA SOCIÉTÉ BIBLIOGRAPHIQUE
25, rue Grenelle, 25.

1878

# ÉPITRE DU DIABLE
# A M. DE VOLTAIRE

### AVEC DES NOTES HISTORIQUES

### AVIS DE L'ÉDITEUR

J'ai servi deux ans M. de Voltaire en qualité de copiste. Je rédigeais les variantes, et il ne me donnait que dix écus par mois. Je laisse à penser s'il y avait quelque proportion entre les honoraires et le travail. D'ailleurs, comme je n'étais point d'humeur à m'extasier devant le mérite de ses ouvrages et que je voulais entendre la messe le dimanche, il me traitait assez durement. Il s'était flatté, néanmoins, de faire de moi un philosophe; mais voyant à la fin qu'il y perdait son temps, il m'a renvoyé comme un papiste incorrigible et indigne de participer aux mystères de la philosophie. Quelques mois auparavant, pendant un voyage qu'il fit à Berne, je surpris sur son bureau un écrit singulier, griffonné en très-petits caractères, d'un jaune couleur de soufre, sur une feuille de parchemin noir : c'étaient des vers français ; j'en parcourus une vingtaine à l'aide d'une loupe. Mais quel ne fut pas mon étonnement quant je lus au bas de la page la signature de Lucifer ! Mon maître, disais-je en moi-même, serait-il en commerce avec le Diable? Quel homme, ô mon Dieu! Faites-lui miséricorde! Je tremblais de tous mes membres, mes cheveux se dressaient sur la tête, et il me semblait déjà voir autour de ma personne une légion d'esprits infernaux. Cependant, je m'armai du signe du chrétien, et m'étant peu à peu remis de mon trouble, je me sentis enfin assez de force pour lire cet écrit avec attention et pour en tirer une copie. Je la portai quelque temps après à un honnête curé du voisinage, qui en trouva la forme et le style très-diaboliques. — « Voilà, me dit-il, une pièce dont on pourrait tirer parti. « Le père du mensonge » y dit d'assez bonnes vérités, et s'il est vrai qu'il soit l'auteur de ce poème, il a raison de recommander à son ami de ne le point faire imprimer. Vous feriez bien, vous, de lui jouer le tour : il faut l'attraper, il en attrape bien d'autres. Je doute fort, néanmoins, qu'il ait assez de loisir et de tranquillité pour rimer. Quant à votre maître, vous pouvez être rassuré sur son compte ; allez, je connais l'homme, il n'est certainement pas sorcier. »

J'étais bien tenté de suivre le conseil de ce bon curé; mais je devais craindre le ressentiment de M. de Voltaire tant que je resterais à son service. Je ne le crains plus maintenant, et s'il m'accuse d'infidélité je le laisserai dire ; le curé, qui est un excellent casuiste, a levé mes scrupules.

# ÉPITRE DU DIABLE

Organe furibond de l'Ange des ténèbres,
Qui souffle dans ton cœur la rage de rimer,
  Toi, dont les ouvrages célèbres
Instruisent cent grimauds dans l'art de blasphémer,
Lieutenant des enfers et diable à plus d'un titre,
Reçois, mon digne ami, cette infernale épître;
  Mais garde-toi de la faire imprimer.


Tes ouvrages divers, ton cothurne, ta lyre,
Tes fastes imposteurs nous ont plu tellement
  Que je t'en dois un compliment,
  Au nom des Grands de mon empire;
  Reconnaissant de bonne foi
Qu'à trouver les moyens d'en étendre les bornes,
Tout diable que je suis, tu l'es bien plus que moi,
Qui ne suis, Arouet, guère plus grand que toi
  Que de la hauteur de mes cornes.

Je me louerai toujours de Manès (1), de Socin (2),
De l'amant défroqué de la jeune De Bore (3),
Du zèle impétueux de maître Jean Calvin (4)
Et des heureux efforts de tant d'autres encore,
Tous ennemis fougueux du Pontife romain
    Et de la messe que j'abhorre ;
    Mais en fait d'irréligion,
    D'extravagance et de blasphème,
    Nul ne peut sans prévention
    Te disputer le rang suprême.


    Plusieurs de ces fiers ennemis
Qui disputaient les clefs aux ministres fidèles,
    Des monuments du peuple circoncis
Ont respecté du moins les preuves immortelles ;
    De la religion interprètes rebelles,
    Ils la défiguraient et tu l'anéantis.

---

(1) MANÈS. Hérésiarque extravagant du 3^me siècle, et le chef de la secte des Manichéens. Il se disait le Saint-Esprit et enseignait qu'il y avait deux principes, l'un bon et l'autre mauvais. Sa doctrine conforme en partie à celle de Pythagore, est pleine de rêveries et d'absurdités. Il fut écorché vif par les ordres du roi de Perse, et son corps servit de pâture aux bêtes.

(2) SOCIN (Fauste). Né à Sienne en 1539, fut le chef des Sociniens ou unitaires. Il puisa sa doctrine dans les écrits de son oncle Hélie Socin et combattit la Divinité de Jésus-Christ.

(3) LUTHIER (Martin.) Il épousa une religieuse nommée Catherine de Bore, qu'il avait débauchée après son apostasie. Cet ex-moine libertin était né à Islèbe dans le comté de Mansfeld en 1483.

(4) CALVIN (Jean) naquit à Noyon en 1509 d'un tonnelier. Il mourut à Genève, à l'âge de 55 ans en 1564. Il fit brûler Michel Servet. Calvin n'était pas d'accord avec Luther sur bien des points.

Tu sais avec esprit te railler des prophètes,
Ces oracles fameux du peuple d'Israël,
Verser à pleines mains le mépris sur leurs têtes,
Saupoudrer tes lazzis d'ignorance et de fiel.
Ce qui m'a plu surtout, c'est l'immonde tartine
Dont tu fais déjeûner le pauvre Ezéchiel,
Qui dut, en l'avalant, faire piteuse mine (1).

  Sur le grec et l'hébreu fort superficiel,
  Faussant très-à-propos les saintes Ecritures,
  Tu sais y découvrir blasphèmes, impostures,
  Très-bien assaisonnés de malice et de sel,
  Contre la vérité, contre le Dieu du Ciel.

Je t'ai donné le nom d'ami dans cette épître,
Et de diable incarné (2) tu l'es à plus d'un titre.
Le Monarque infernal est « Père du Mensonge, »
— Qui se change en vertu quand il produit le bien (3),—
  Mais il passe aisément l'éponge
  Sur ces vétilles-là qu'abhorre le chrétien.

---

(1) *Voir* Guénée. *Lettres de quelques Juifs*, art. *Ezéchiel*.
 Voltaire, mourant avec la rage *et toutes les fureurs d'Oreste*, a accompli la prophétie humiliante d'Ezéchiel, dont il s'était joué si souvent et si indécemment, d'une manière encore plus humiliante qu'elle n'est exprimée par le prophète.
 (Barruel. *Les Helviennes*, T. II, p. 77, *note*.)
 François-Marie Arouet, qui se fit appeler *Voltaire*, naquit à Chatenay, près Paris, en 1694, mourut dans cette ville, le 30 mai 1778.

(2) Voltaire. L'abbé Fiard, Thomas, M^me de Staël et d'autres têtes sensées le mettent au nombre des démons incarnés.
     (*Dictionnaire des Sciences occultes.*)
       art. *Voltaire.*

(3) *Lettre de* Voltaire *à Thiriot*, 21 octobre 1736.

Je t'admire criant : — « Courage ! bons apôtres,
» Mes chers frères en Belzébut !
» Oui, pour atteindre notre but,
» Ecraser à jamais l'infâme,
» Noble projet digne d'une grande âme,
» J'ai besoin de votre concours ;
» Mentez, mentez, amis, hardiment et toujours (1). »

Changés en anges de lumière,
Les anges révoltés du ténébreux séjour,
Pour tromper l'âme débonnaire
Souvent bravent l'éclat du jour.

Un instant oublieux de ma fierté sans bornes,
Je cache adroitement mes griffes et mes cornes ;
Ma tête resplendit d'un nimbe radieux,
Comme ceux qu'ont au front mes frères dans les Cieux ;
Dans mes yeux abaissés, sur mon front qui s'incline,
Sur mon visage, orné de fards,
Eclate une grâce divine
Qui charme, éblouit les regards,
Trompe les sots et les fascine.
J'ajoute toujours quelques mots
Empreints d'une douceur céleste,
A ce piége à l'âme funeste
O mon cher Arouet, que j'ai pris de bigots !

---

(1) *Lettre de Voltaire à Thiriot*, 21 octobre 1736.

A Ferney, je t'admire imitant ton cher maître,
Et, n'étant plus chrétien, feignant de le paraître,
C'est le meilleur moyen de tromper les cagots.
Tartufe à cheveux blancs, dans la pieuse enceinte,
Tu les suis sans trembler, toi, cynique, vaurien,
Toujours les yeux baissés, jusqu'à la table sainte,
Pour y manger le pain adoré du chrétien (1).
Tu sus joindre toujours la parole à l'exemple :
Ta plume, qui souilla les colonnes du temple,
Perd encor chaque jour tant de fous, de grimauds,
Qu'il me faut chaque mois élargir mes cachots.

  Bien est-il vrai que ton système,
Est parfois un peu gauche, efflanqué, chancelant,
  Et que tel mot, que tu crois un dilemme,
  Est un sophisme impertinent.
Mais dès qu'un raisonneur est léger et brillant,
  Il a toujours assez de force ;
Soit vertus ou savoir, dans le siècle présent,
  Le fond n'est rien, tout dépend de l'écorce,
Eh ! qui sut, mieux que toi, répandre en ses écrits
  L'illusion du coloris,
  Le vernis et la broderie ?

---

(1) « Que doivent faire les sages quand ils sont entourés de barbares ? Il est des temps où il faut imiter leurs contorsions et parler leur langage. Au reste ce que j'ai fait cette année, je l'ai fait plusieurs fois et s'il plaît à Dieu, je le ferai encore : il y a des gens qui craignent de manier les araignées, il y en a d'autres qui les avalent. »
    (*Lettre de Voltaire à d'Alembert, 3 mai 1768.*)

Et le 8 mai 1769 après Pâques, il écrivait : « — On ne peut donner une plus grande marque de mépris pour ces facéties que de les jouer soi-même. » — où trouver des exemples sacrilèges d'un pareil cynisme et d'une si monstrueuse hypocrisie ?...

De traits sententieux saupoudrer son jargon,
Rajeunir des lambeaux de vieille friperie,
Ou faire un mets piquant de quelque rogaton.
    Annales et philosophie,
    Politique, géométrie,
Morceaux flamands, britanniques, germains
    Et bribes de théologie,
    De brachmanes, de mandarins,
    Du Congo, de l'Abyssinie,
    Tout se confond, tout est accumulé ;
Tout fermente et bouillonne en ton cerveau brûlé.
Tu changes, quand tu veux, de forme et de nature,
    Pyrrhon la nuit et Socrate le jour,
    Tantôt Zénon et tantôt Epicure,
    Tu peux chanter sur tous les tons,
— Sauf, néanmoins, sur le ton de Pindare (1). —
    Ta trompette ébauche des sons
Qui manquaient aux Français pour l'épique fanfare ;
    Mais si jamais Satan a dit la vérité,
Je soutiens que tes vers, chef-d'œuvre de scandale,
Auraient bien moins d'attraits et de célébrité
Si tu ne les frappais sur l'enclume infernale
    Au bon coin de l'impiété.

---

(1) Voltaire a complètement échoué dans le genre lyrique. *Dandolo. La filosofia e le Lettere in Francia nel secolo XVIII.* Art. *Voltaire.*

Pour enlever tous les suffrages
Tu compris qu'il fallait dans tes premiers ouvrages,
Rassurer les mondains, flatter tous les penchants,
Démolir, foudroyer ou rendre ridicules
D'étranges vérités qui révoltent les sens,
Et de ta rage, enfin, armant les incrédules,
Japper contre Dieu même et mordre ses enfants.

Aussi tu débutas en bravant le tonnerre,
Et soudain tes succès passèrent ton espoir.
Ton mérite forçait mes sages d'Angleterre
  A te céder la palme du savoir ;
Ta main brisait le joug d'un pénible devoir.

Tu réformais le monde, et grâce à ton génie,
  De la Religion l'injuste tyrannie
Perdait dans tous les cœurs son antique pouvoir.

  Car en dépit de l'Ecriture
  Et de la foi de tous les temps,
  Celui qui régit la nature,
Ce Dieu, l'espoir des bons et l'effroi des méchants,
N'était plus, selon toi, qu'un monarque en peinture,
  Tel que ces princes paresseux,
Roitelets casaniers de vos fastes antiques
  Qui, dans les festins et les jeux,
  Buvaient l'oubli des misères publiques,
Et, libres de tous soins, ne vivaient que pour eux.

  Ce Dieu, de l'univers inutile pagode,
En laissait le timon pour sommeiller en paix,
Et l'aveugle Destin, réglant tout à sa mode,
  Etait son maire du Palais.

Si cet oisif Dieu tutélaire,
Qui s'obstinait à se cacher,
Ne se mêlait d'aucune affaire ;
Si rien ne pouvait le toucher,
Pourquoi follement s'enticher
De l'espérance de lui plaire
Ou de la peur de le fâcher ?
Sans équité, sans bonté, sans clémence,
Que faisait aux mortels son oisive puissance,
Et devaient-ils la réclamer ?
C'était déjà beaucoup de ne point entamer
Son domaine et son existence,
Mais le servir, mais le craindre et l'aimer,
C'était outrer la complaisance.

De là suivant le fil d'un si bel argument,
L'esprit émancipé sautait légèrement
    De conséquence en conséquence ;
Le cœur trouvait partout un encouragement,
Un champ vaste et fécond s'ouvrait à la licence.
On pouvait au besoin tromper adroitement,
    Se parjurer, trahir la confiance ;
De Naboth (1) écrasé dévorer la substance,
    Piller la veuve, opprimer l'orphelin :
Pour cent tendrons formés aux ébats de Cythère
Tapisser des boudoirs, en brocard, en satin,
En tableaux de Boucher, en vernis de Martin,
Et pour l'infortuné qu'assiège la misère
Avoir un cœur d'acier, des entrailles d'airain,
L'âme d'un diable ou l'âme de Voltaire.

---

(1) Voir l'Ancien-Testament. *Hist. des Rois.*

Le luxe devenait l'éternel instrument
  Du pouvoir et de l'abondance,
  La débauche un délassement,
  La mollesse une bienséance.
Et qu'était la vertu? — Qu'un ridicule effort?
Qu'un pitoyable objet d'orgueil et de folie,
  Sans récompense après la mort
  Et sans profit pendant la vie.
Insensé le mortel, ennemi de ses jours,
Qui, sans respect du temps si rapide en son cours,
  Semait d'épines son passage,
Et qui, dans la saison des ris et des amours,
Libre d'en profiter, en dédaignait l'usage.

Ainsi donc l'on devait, sans craindre l'avenir,
N'avoir plus d'autre loi que la loi du plaisir,
  Suivant sa pente et sa méthode,
Tout semblait arbitraire, innocent et permis,
  Et rien n'était, à mon avis,
  Si consolant, ni si commode.
Aussi de ta doctrine on reconnut le prix,
Si bien que dans Berlin, dans Londres, dans Paris,
  Tes merveilleuses rapsodies
Te firent proclamer par tous les beaux esprits
  Le Patriarche des impies.
Ce choix fut confirmé chez nous en plein chapitre,
Et tu n'as pas depuis démenti ce beau titre.
Parmi les écrivains conjurés contre Dieu
Tu sus te distinguer en tout temps, en tout lieu,
  Comme leur chef et leur modèle,
  Je t'en suis bien reconnaissant;
  Car mon domaine florissant
S'est accru de moitié chez la race mortelle;

Surtout le pays des badauds
Sera dans peu mon plus noble héritage ;
Ses habitants sont un peuple volage
Qui sait le mieux gober tes préceptes moraux
  A l'hameçon du beau langage.

  Tous ces roquets de l'Hélicon
   Que fait hurler la tragi-comédie,
Facteur, commis, petit-maître et poupon,
En manteau court, en rabat de linon,
De tes dogmes fameux ont la tête farcie ;
Du bel esprit tous prennent l'écusson
  En professant ta doctrine chérie ;
  L'un croit le culte indifférent
Et confond le brahmine avec le catholique ;
Et l'autre l'abandonne au vulgaire ignorant,
Comme une vaine et frivole pratique.
  Ici, c'est un réformateur
Qui blâme certains rits du sacré ministère,
  Qui dogmatise avec fureur
Contre la foi d'un antique mystère,
Et d'un pénible aveu dispense le pécheur ;
Puis, contrôlant la richesse des moines,
La pompe des prélats, la table des chanoines,
Et, taxant le clergé de mille autres abus,
Dit que pour apaiser de si vives alarmes,
Il faudrait marier tous nos jeunes reclus,
Capucins, Récollets, Jacobins et Grands Carmes.
Là, c'est un esprit fort ou lascif ou glouton,
Qui, pour analyser la nature de l'âme,
Vous soutient que l'étui vaut autant que la lame,
Et la fait dépérir ou croître à l'unisson
Avec l'âme d'une huître ou d'un colimaçon.

Voilà quel est le catéchisme
De tes disciples de Paris ;
J'avais besoin de tes écrits
Pour y couler à fond la barque du papisme.
Depuis trente ans que tes travaux
Ont fertilisé ce rivage,
Je vois de jour en jour qu'il enfle mes impôts
Et me rapporte davantage.
Il me vient chaque mois de friands Marivaux,
Des réprouvés de tout étage
Dûment bardés de péchés capitaux :
De gros richards calcinés de luxure
Ou gangrenés d'avarice ou d'usure,
Des fripons, des coquins, de toutes les couleurs,
Des intrigants et des appareilleurs...
Et que ne dois-je pas à l'excès de ton zèle
Pour seconder mes généreux desseins,
En suivant la trace fidèle,
Des Bayles et des Arètins ? (1)

---

(1) Arétin (Pierre) natif d'Arezzo, vivait au XVIe siècle. Il s'est rendu célèbre par ses écrits obscènes et satiriques. C'était un auteur médiocre, mais audacieux et vain à l'excès ; il mit à contribution plusieurs princes de son temps qui redoutaient sa plume, et eut même l'insolence de faire frapper une médaille où les monarques lui présentaient des tributs avec cette légende : *P. Aretinus, Flagellum Principum.* Ses flatteurs lui déférèrent un titre encore plus superbe et l'appelèrent : — *Il divino Aretino.* Néanmoins quelques princes d'Italie, qui n'étaient pas endurants, au lieu de lui payer tribut, lui firent donner cent coups de bâton, ce qui produisit un si bon effet, qu'il renonça à la satire et ne fit plus que des ouvrages de piété. On prétend même que sa conversion fut sincère. Cette manière de châtier les poëtes mordants et satiriques est fort ancienne, mais elle ne les corrige pas toujours. — Frédéric, roi de Prusse, fit arrêter et bâtonner Voltaire qui lui avait volé un manuscrit. — *Dandolo.*

Ton *Uranie* est une œuvre immortelle,
Ta *Religion naturelle*
Obscurcit à jamais les plus fiers écrivains ;
Je voudrais en être le père
Ainsi que de l'*Epître* agréable et légère (1)
Où brille l'anti-thèse et l'étrange conflit
De la grâce de Jésus-Christ
Avec les trois Grâces d'Homère.
Mais le prodige du savoir,
C'est la *Pucelle* incomparable ;
Il ne nous manquait plus que ce livre admirable
Pour couronner ta gloire et combler mon espoir.
Que de riants tableaux ! Que de jolis blasphèmes !
Oh ! que tu dois t'en applaudir !
Ton esprit y surpasse, il faut en convenir,
Nos intelligences suprêmes.
Je défierais tous les enfers,
Le diable le plus docte en cynique peinture
De forger en dix ans un écrit si pervers,
Si fertile en scandale et si riche en ordure.
Lorsque tu publias ce volume charmant,
Ce modèle parfait de rimes dissolues,
J'en eus tant de plaisir et de contentement
Que trois ou quatre fois j'épiai le moment
De te happer en planant dans les nues.

---

*(1) Epître au cardinal Quérini......*

Je brûlais de payer tant d'utiles forfaits
    Dans cette demeure profonde ;
    Mais j'ai compris que, pour mes intérêts,
Il valait encor mieux te laisser dans le monde,
Où tu servais l'enfer avec tant de succès ;
    Et bien me fâche que ta course
    Penche si fort vers ces gouffres brûlants ;
    Je prévois trop quelle ressource
    Je vais perdre chez les vivants.
    Mais, après tout, je m'en console :
    Quand tu seras dans nos cantons,
    Toutes les classes des démons
    Iront s'instruire à ton école
    Et profiter de tes leçons.
Je te puis assurer, foi d'archange rebelle,
    Que tu seras le bien venu
Et dignement fêté dans le rang qui t'est dû,
Parmi les citoyens de la braise éternelle.

A tes ordres seront cent jolis diablotins,
Légers comme des cerfs, admirables lutins,
Qui te suivront partout en qualité de pages,
Soigneront ta maison, ton train, tes équipages ;
Charmants Automédons, guideront en tout lieu
Ton char brûlant traîné par des coursiers de feu,
Qui par leurs gais propos, leurs cris, leur gentillesse,
Charmeront tes ennuis, banniront ta tristesse ;
Qui, de fourches armés, si le sommeil te fuit,
— On ne dort pas toujours au fond d'une fournaise, —
Secoueront les charbons, agiteront la braise
De ton ardente couche et le jour et la nuit.
Les tourbillons épais de ce feu qui pétille
N'exhalent point l'odeur de l'ambre ou la vanille,

Et la vapeur du soufre y blesse l'odorat.
N'en sois point alarmé ; car le plus délicat
Qui, pour la supporter en brave s'évertue,
A la souffrir sans peine aisément s'habitue.
Puis, quel régal pour toi de trouver en ce lieu
    Toute la clique de tes sages,
D'entendre et d'admirer les ennemis de Dieu
    Vantés partout dans tes ouvrages !

Toland (1) et Spinosa (2) Becker (3) Hobbes (4) Wolston (5)
Maillet (6) Collins (7) et leurs semblables,
*Et l'éternel honneur de l'humaine raison* (8).

---

(1) TOLAND (Jean) naquit en Irlande en 1670. On ne sait rien de son origine. Il fut élevé dans la religion catholique, mais il ne tarda pas à embrasser le protestantisme. Ensuite il devint athée et persista jusqu'à la fin dans son opinion. On lit cette phrase dans son épitaphe qu'il composa quelques jours avant sa mort : — *Spiritus cum œthere patre, à quo prodiit olim, conjungitur.*

(2) SPINOSA (Benoît), fils d'un juif portugais, naquit à Amsterdam en 1632. Il a réduit en système l'athéisme. Il établissait comme son premier principe que Dieu est la seule substance qu'il y ait dans l'Univers et que tous les autres êtres ne sont que des modifications de cette substance. C'est le panthéisme.

(3) BECKER (Balthasard), né dans la Frise en 1634, fut ministre à Amsterdam. Son *Monde enchanté* est, pour ainsi dire, l'apologie du diable.

(4) HOBBES (Thomas), né en Angleterre en 1588, a fait des ouvrages qui l'ont rendu suspect d'athéisme.

(5) WOLSTON (Thomas), anglais, né en 1660. Il prétendit prouver que les miracles du Nouveau-Testament ne sont que des allégories.

(6) MAILLET, consul au Grand Caire. Son *Telliamed* est entre les mains de tout le monde.

(7) COLLINS (Antoine), anglais, né à Heston en 1676, a eu des sentiments fort opposés à la saine doctrine.

(8) BAYLE. C'est ainsi qu'il est qualifié dans les œuvres de M. de Voltaire.

Tes patrons, tes héros, tes guides respectables,
La fleur de mes damnés, les délices des diables ;
Puis un essaim de filles de talents,
Qui charmaient à souper et brillaient sur la scène,
   De ces filles de Melpomène
   Qui, trafiquant de leurs printemps,
Se hâtent de venir dans mon sombre Royaume,
Malgré Keisser, le *Mercure* et Saint-Côme ;
   puis l'admirable Le Couvreur (1)
   Cette Déesse poulinière (2)
Qui reçut de tes mains l'encens le plus flatteur,
Tandis que des bigots lui refusaient l'honneur
De la laisser pourrir au coin d'un cimetière.

Tous ces êtres chéris, aux gestes animés,
Dont le récit touchant et l'accent plein de charmes
Aux badauds attendris faisaient verser des larmes,
Brûlent de plus de feux qu'ils n'en ont allumés,
Et rendent mieux chez nous les tragiques alarmes.
   Quand tu viendras dans ce séjour,
Je veux qu'avec éclat, pour chômer ce grand jour,
   Notre allégresse se déploye :
Ce ne seront que bals et festins à ma cour ;
Tous les feux de l'enfer seront des feux de joie.

---

(1) Adrienne Le Couvreur, actrice célèbre par ses grands talents et par l'attachement qu'elle inspira à M. de Voltaire, mourut sans recevoir les derniers sacrements. On lui refusa la sépulture ecclésiastique ; mais M. de Voltaire l'en dédommagea par une apothéose.

(2) On donne encore de nos jours aux célèbres actrices le nom de *Déesse*, la *Diva* ou bien celui d'*Etoile*.

Dès longtemps mon Fourrier t'y prépare un hôtel
Un peu moins frais que celui des *Délices*, (1)
Tout à côté du repaire éternel
Où logent Vanini (2) Rugger (3) et leurs complices,
    Ennemis acharnés du trône et de l'autel.

Qu'ai-je dit un hôtel ? C'est un palais splendide
Que je veux qu'on élève à l'auteur de *Candide* (4),

---

(1) C'est le nom d'une maison de campagne que possédait Voltaire anx environs de Genève, avant qu'il habitât le château de Ferney.

(2) Vanini (Lucilio), né en 1505, dans la terre d'Otrante. Il avait formé le dessein d'aller répandre l'athéisme dans le monde avec douze compagnons de son libertinage. Il fut aumônier du maréchal de Bassompierre à Paris. Ses *Dialogues de la nature* lui ayant fait des affaires avec la Sorbonne, il se retira à Toulouse, où ayant été convaincu de professer l'athéisme, il fut condamné au feu. Il mourut sans donner aucune marque de repentir. à peine âgé de trente ans.

(3) Rugger (Cosmo Ruggieri), florentin. Etant venu en France du temps de Catherine de Médécis, il fut très-bien accueilli par cette princesse, parce qu'il se donnait pour habile astrologue. Ayant été compromis dans l'affaire de La Môle et de Coronas, favoris du duc d'Alençon, accusés entr'autres crimes d'avoir attenté par sortilège à la vie de Charles IX, il fut envoyé aux galères ; mais Catherine l'en tira quelques temps après. Il mourut fort vieux à Paris en 1615 ; et comme il avait déclaré hautement qu'il mourait athée, son corps fut jeté à la voirie.... Mézeray l'appelle *Rugier*.

(4) Un des ouvrages les plus licencieux de notre philosophe.

L'illustre renégat qui, pendant soixante ans,
Servit sous nos drapeaux, combattit dans nos rangs,
Qui, par la calomnie et des moyens infâmes,
Des servants de la croix sut pervertir les âmes
En leur inoculant sa haine et son venin,
Du fils du Charpentier souillant le nom divin.
Au palais contiguë, une vaste terrasse
Dominant des rochers plus hauts qu'Himalaya,
Au spectateur permet qu'au loin sa vue embrasse
  Un magique panorama :
De gigantesques bois aux brûlantes arcades,
Des fleuves embrasés, d'admirables cascades
Surpassant en beauté celle de Niagara ;

Des torrents enflammés de bitume et de soufre,
Courant à flots pressés dans un immense gouffre
Où surnagent partout les têtes des damnés,
  Peuplant mon ténébreux empire,
  Et dont les membres contournés,
  Les grimaces, prêtent à rire,
Des volcans entr'ouverts, des rochers fulminants,
Des colonnes de feu, des lacs étincelants ;
Ce belvéder de l'infernale rive,
  Pour amuser un écrivain,
Vaut bien la froide perspective
De la ville et du lac des enfants de Calvin ;

Et si la soif de l'or (1) te suit jusqu'au Ténare,
Tu l'y verras couler au gré de ton désir ;
Mammon (2) l'affine et le prépare,
Et fusses-tu l'ombre la plus avare,
Il aura de quoi t'assouvir.
En attendant, mon ami, je t'invite
A maintenir ton cœur endurci dans le mal,
Sans jamais réfléchir sur le terme fatal
Où ton déclin se précipite.
Souviens-toi qu'au mépris du vulgaire chrétien,
Un savant, épuré de crainte et d'espérance,
    Comme Epicure ou Lucien,
Tient son rang jusqu'au bout et doit par bienséance
Vivre en athée et mourir comme un chien.

---

(1) Madame Denys, nièce de M. de Voltaire, écrivait à son oncle (10 février 1754) — « L'avarice vous poignarde, ne me forcez pas à vous haïr ; vous êtes le dernier des hommes par le cœur.... »

(2) MAMMON. Mot Syriaque qui signifie le Dieu ou le diable des richesses, c'est le sentiment de saint Jérome. Saint Augustin (*L. II de Serm, Domin. in monte* L. 14) pense que ce mot est africain et appartient à la langue punique ; dans cette dernière langue, le gain *lucrum* s'appelle MAMMON. La langue punique a de grands rapports avec le syriaque et l'hébreu.

Il est beau d'affronter le péril à ton âge,
Tel qu'un nocher audacieux
Que la foudre environne et qui brave les cieux,
En blasphémant dans le naufrage.
Ne va pas imiter ce poltron de Normand (1)
Qui, par forme de testament,
Rima tout à Kempis, indigne monument ;
Ni ce Ruffus (2), vil objet de ta haine,
Touché de repentir de son goût pour la scène,
Qui redouta l'enfer et mourut saintement ;
Ni ce benêt de Lafontaine (3)
Qui finit aussi lâchement.

---

(1) C'est le grand Corneille. Il mit en vers l'*Imitation de Jésus-Christ*, sur la fin de ses jours. Les incrédules seraient bien surpris si M. de Voltaire qui a rimé depuis quelques passages de l'Ecclésiaste, allait rimer aussi les sept psaumes de la pénitence.

(2) Jean-Baptiste Rousseau mort à Bruxelles.

(3) La Fontaine mourut chrétiennement :

— *Et l'auteur de* Joconde *est armé d'un cilice !* —

Eh! que diraient les bandes interdites
De ces enfants perdus qui volent sur tes pas,
Si leur vieux général, aux portes du trépas,
Flétrissait ses lauriers par des craintes subites ? (1)

  Tu sens quel coup cela te porterait ;
  Bientôt chacun s'alarmerait ;
  Car la crainte se communique,
  Et mon rival triompherait
  Dans le parti philosophique.
  D'ailleurs comment te réconcilier
  Avec ce Dieu d'éternelle vengeance ?

  Pourrais-tu lui faire oublier
  Par dix mille ans de pénitence
Tant d'écrits scandaleux qu'on t'a vu publier,
  Tant d'outrage et tant de licence ?

 Mais s'il t'invite à la résipiscence
Et quoiqu'il fasse encor pour t'y déterminer,
Crois-moi, résiste-lui : dérobe à sa clémence
  La gloire de te pardonner.

Soit qu'il t'appelle, ou qu'il tonne et menace,
  Ranime ta vertu, redouble tes efforts,
  Munis ton cœur d'une double cuirasse
  Contre l'aiguillon du remords
  Ou contre l'attrait de la grâce.

---

(1) Voltaire mourut dans la rage et le désespoir, le 30 mai 1778, à Paris. Il s'était confessé à l'abbé Gauthier, curé de Saint-Sulpice, quelques mois avant sa mort. Ses adeptes firent bonne garde pour éloigner le prêtre aux derniers instants de sa vie. Voir le livre intitulé : *Circonstances de la vie et de la mort de Voltaire* où sont décrites les scènes de terreur, de remords et de désespoir qui épouvantèrent les témoins de son agonie.

  Barruel. *Les Helviennes* T. II. p. 76-77. *Notes.*

Mais le plus sûr, tu le sens bien,
Est de rester où le sort te confine.
Là, tu pourras, du culte du chrétien
Fronder impunément l'imbécile doctrine.
Ton nom illustrera ces plaines, ces côteaux ;
On dira dans cent ans : Ce paisible héritage
Fut autrefois la retraite d'un sage,
Qui toujours contre Dieu combattit en héros,
Et par un coup du sort jeté sur ce rivage,
Pour défendre le Diable y tint ses arsenaux.
On ira contempler cet helvétique asile
De l'oracle des écrivains,
Comme on allait à Cume aux antres souterrains,
Fameux par le trépied d'une antique Sibylle,
Ou comme on visitait aux bords napolitains,
La tombe où reposaient les cendres de Virgile.
Cependant laisse dire aux lâches ennemis,
Qui vont te relancer jusqu'en ton ermitage,
Que la rouille des ans émousse tes esprits,
Que tes talents enfin usés et décrépits
S'éteignent chaque jour sous les glaces de l'âge,
Dédaigne d'écraser ces insectes poudreux ;
Soit plagiat, soit blasphème ou sophisme,
Oppose à leur audace un mépris généreux,
Sans plus crier au fanatisme ;
Qu'ils sachent, ces cuistres jaloux,
Ces lourdauds empâtés d'orgueil et d'ignorance,
Qu'ils doivent humblement ramper à tes genoux,
Te craindre, t'admirer et garder le silence.
Celui qui réunit tant de genres divers,
Un si profond et si vaste génie,
L'arbitre enfin de l'harmonie,

Maître de ses écarts, libre dans ses travers,
Est fait pour régenter le Pinde et l'univers.
Poursuis donc sans mollir tes travaux mémorables,
Prodigue en forcené le mensonge et les fables ;
Frappe, confonds, détruis et renverse à la fois
La morale du Christ, ses temples et ses lois,
Que l'enfer s'en étonne et qu'enfin tous les diables
Rugissent de plaisir au bruit de tes exploits !

LUCIFER.

Nimes.—Imprimerie Jouve, rue Dorée, 24.

www.ingramcontent.com/pod-product-compliance
Lightning Source LLC
Chambersburg PA
CBHW060551050426
42451CB00011B/1859